La amistad

por Meg Greve

Consultores de contenido:
Melissa Z. Pierce, L.C.S.W.
Sam Williams, M.Ed.

Rourke
Educational Media
rourkeeducationalmedia.com

www.rourkeeducationalmedia.com

Melissa Z. Pierce is a licensed clinical social worker with a background in counseling in the home and school group settings. Melissa is currently a life coach. She brings her experience as a L.C.S.W. and parent to the *Little World Social Skills* collection and the *Social Skills and More* program.

Sam Williams has a master's degree in education. Sam Williams is a former teacher with over 10 years of classroom experience. He has been a literacy coach, professional development writer and trainer, and is a published author. He brings his experience in child development and classroom management to this series.

PHOTO CREDITS: Cover: © Rosemarie Gearhart; page 3: © kali9; page 5: © Agnieszka Kirinicjanow; page 7: © Chris Bernard; page 9: © kali9; page 11: © Chris Bernard; page 13: © Cliff Parnell; page 15: © Aldo Murillo; page 17: © Jennifer Conner; page 19: © digitalskillet; page 21: © Steve Debenport

Illustrations by: Anita DuFalla
Edited by: Precious McKenzie
Cover and Interior designed by: Tara Raymo
Translation by Dr. Arnhilda Badía

Greve, Meg
La amistad / Meg Greve
ISBN 978-1-63155-100-0 (hard cover - Spanish)
ISBN 978-1-62717-370-4 (soft cover - Spanish)
ISBN 978-1-62717-554-8 (e-Book - Spanish)
ISBN 978-1-61810-129-7 (hard cover - English)(alk. paper)
ISBN 978-1-61810-262-1 (soft cover - English)
ISBN 978-1-61810-388-8 (e-Book - English)
Library of Congress Control Number: 2014941393

Rourke Educational Media
Printed in the United States of America,
North Mankato, Minnesota

Rourke
Educational Media

rourkeeducationalmedia.com

customerservice@rourkeeducationalmedia.com • PO Box 643328 Vero Beach, Florida 32964

¿Qué es un amigo?

Un amigo es alguien en quien tú puedes **confiar**. Los amigos se ayudan mutuamente. Los amigos **comparten**.

Los amigos conversan y les gusta estar juntos. Los amigos se tratan **justamente**.

¿Qué les gusta hacer a ti y a tus amigos?

¿Cómo se hace un amigo?

Sé amistoso y servicial. Utiliza palabras agradables y escucha a los demás.

A los amigos no se les llama con otros nombres.

Trata a los demás como te gustaría que te trataran a ti.

Trata a las personas con **respeto**. Dales a todos una oportunidad.

A veces los amigos **discuten.**

Los amigos dicen **lo siento**. Entonces, ellos siguen siendo amigos. Tú le agradas a un amigo por lo que eres, sin importarle como seas.

Todos cometemos errores. Di "lo siento" y verdaderamente siente lo que dices.

¡Haz la prueba de la amistad!

1. Siempre intento tratar a mis amigos justamente. ◯ sí ◯ no

2. Comparto con mis amigos. ◯ sí ◯ no

3. Mis amigos pueden confiar en mí. ◯ sí ◯ no

4. Soy un amigo para otros. ◯ sí ◯ no

5. Respeto los sentimientos de los demás. ◯ sí ◯ no

¿Cómo saliste en la prueba?

Glosario ilustrado

compartir:
Repartir por igual y esperar su turno.

confiar:
Creer que alguien es honesto y hará lo que ha prometido.

discutir:
Argumentar con palabras.

justamente:
Actuando con la verdad y razonablemente.

lo siento:
Sentirse triste o mal por hacer algo incorrecto.

respeto:
Un sentimiento de consideración y de reconocimiento hacia otros.

Índice

Páginas Web

www.kidsgen.com/events/friendshipday/facts.htm

www.singdancelearn.com/character-education-songs/
friend-song/

www.scholastic.com/cliffordbebig/kids/
kids-slide-09.htm

Acerca de la autora

Meg Greve vive con su esposo,
hija e hijo. La familia tiene
muchos amigos y les encanta
compartir con ellos.

Ask The Author!
www.rem4students.com